LE VŒU NATIONAL,

OU

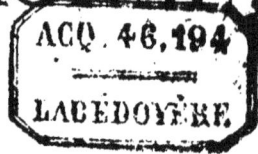

SYSTÊME POLITIQUE,

Propre à organiser la nation dans toutes ses parties, & à assurer à l'homme l'exercice de ses droits sociaux.

Par P. DOLIVIER, Curé de Mauchamp.

A PARIS,

Chez Gastelier, Libraire, rue Neuve
Notre Dame, n°, 11 & 18.

1790.

Nota. *Cet écrit a été commencé dans un temps où rien ne paroiſſoit encore avoir pris une marche déciſive. Aujourd'hui que tout eſt en mouvement, il ne me reſte à le propoſer que comme un appel à la raiſon.*

A L'ASSEMBLÉE NATIONALE.

DÉPOSITAIRES SACRÉS DES VŒUX DE LA FRANCE,

C'EST dans votre sein que la nation a déposé le germe de vie dont elle attend depuis long-temps, non sans la plus inquiete agitation, sa nouvelle existence. Diverses influences que vous renfermez aussi au milieu de vous, & qui se contrarient, en égarant sans cesse le vœu national, l'empêchent de le saisir ce principe de vie, & de le féconder. Cependant c'est de là que dépend le sort du corps politique. Si le vœu national manque son objet, vainement rassemblerez-vous des chef-d'œuvres de l'art ; il ne résultera jamais de votre immense travail qu'un automate insensible, qui pourra bien être ingénieusement imaginé, mais qui n'ira que par de fragiles ressorts ; tandis que si, malgré tous les obstacles, il peut atteindre son but & le remplir, dès lors vous en voyez naître une organisation animée, dont les mouvemens propres & libres, se développent par degrés

& portent dans toutes les parties du corps politique le sentiment & la vie.

Entraînés, je le sens bien, par le tourbillon
irréfistible des opinions qui se succedent rapide-
ment & qui changent à tous momens vos
points de vue, il est sans doute hors de votre
puissance de vous rendre maîtres de cette mo-
vibilité, & de former un plan déterminé dont
vous puissiez combiner l'ensemble. Tout ce que
peuvent vos efforts, c'est de prendre, comme à
la volée, ce qui vous paroît convenir, sans
pouvoir vous assurer de l'usage précis qu'il
vous sera permis d'en faire. Mais lorsque,
revenus à vous-mêmes, vous ne vous verrez
environnés que de décombres, n'est-il pas à
craindre qu'ayant perdu le fil conducteur qui
devoit vous guider dans le débrouillement de
cet immense chaos, il ne vous soit plus pos-
sible de le retrouver? N'est-il pas même encore plus à craindre que le cours impérieux des
évenemens, que la fatalité des choses n'ame-
nent de nouvelles combinaisons, & ne fassent
disparoître pour jamais celle qui devoit faire
le bonheur de la France & le prodige de l'Eu-
rope? Et dès lors que nous resteroit-il de vos
grands travaux, si ce n'est qu'un résultat trop
peu digne de vous, trop peu digne des grandes idées qu'ils nous ont fait naître.

Pour prévenir un malheur qui tromperoit cruellement nos espérances, & qui ne vous laisseroit à vous-mêmes que d'irrémédiables sujets de regrets, j'ai conçu le projet, peut-être hardi, d'assurer la possibilité du plein succès de votre ouvrage. Cette idée est grande ; elle exigeoit, sans doute, de grands talens : n'importe ; quoique je n'aie que du zele, je n'en humilierai point les efforts par une modestie déplacée, si ces efforts ont atteint leur but, & j'ose le croire.

Porté par le choc de vos opinions, j'ai tâché de m'élever jusques dans la région de l'essence même des choses ; & là, dégagé de toute vapeur terrestre, & uniquement sensible à l'inspiration du Génie national, je me suis appliqué à en rédiger le vœu. Je ne sais jusqu'à quel point je puis me faire illusion, mais mon cœur éprouve un sentiment plein qu'il en a saisi le véritable objet.

Progéniteurs en travail d'une Patrie dont vous avez conçu l'idée, mais dont la combinaison élémentaire échappe comme nécessairement à tous vos efforts, je vous la présente cette combinaison que vous cherchez. Animez-la de votre pouvoir vivifiant. C'est précisément l'enfant que vous désirez procréer. Hâtez-vous d'en devenir & les peres & les instituteurs.

N'en exigez pas d'abord trop : ce n'est qu'un enfant, & par conséquent ses commencemens doivent être foibles & soumis à la marche progressive de la nature. Donnez-lui le temps de développer de lui-même ses facultés, & contentez-vous de les diriger, de les étendre à mesure qu'il prendra de la consistance. Méfiez-vous des fruits trop hâtifs. Un bon germe de vie ne s'éleve qu'avec une lente vigueur ; il élabore avec soin les sucs nutritifs qu'il reçoit, il se les consolide, & par-là se prépare une longue durée. Malheur aux tempéramens dont la maturité fut précoce !

LE VŒU NATIONAL.

RÉFLEXIONS PRÉLIMINAIRES.

Il étoit digne de la philofophie de notre fiecle de former, dans cette intéreffante époque, la plus belle des entreprifes que l'efprit humain eût encore jamais tentée, celle de rappeler à l'homme fes droits naturels, de lui en affurer la reconnoiffance authentique dans la chartre nationale, & d'en faire dériver fes droits & fes devoirs civils. Ne craignons pas de les trop manifefter ces droits incommutables: Plus chaque homme connoîtra ceux qui lui font propres, plus il en fera jaloux, & moins il fera tenté d'enfreindre ceux d'autrui; il n'y a que l'orgueil & les injuftes prétentions qui aient fujet de s'en alarmer, parce qu'ils ne redoutent rien tant que de fe retrouver à leur fimple niveau. Il faut bien fe garder, difent les dominateurs iniques & vains, d'éclairer les hommes fur l'étendue de leurs droits; ils voudroient les exercer; & pourquoi non? n'eft-il pas temps enfin que les ufurpateurs foient dépouillés, & que chacun rentre dans fa propriété? Mais il faut bien contenir les hommes; oui, fans doute, il le faut bien, fans cela où en feroit la fociété? Mais que font ils eux-mêmes ceux qui tiennent ce langage? ne font-ce pas des hommes? il faut donc auffi les contenir, & c'eft à l'impartiale loi à remplir feule cet office.

Un code national, portant en tête la déclaration des droits de l'homme, offre donc la plus grande, la plus heureufe des idées; mais cette déclaration doit être un chef-d'œuvre (1). Toute erreur qui s'y glifferoit, feroit d'autant plus funefte, que, donnant

---

(1) Cette obfervation paroîtra tardive; mais je ne regarde pas les énoncés qui ont été publiés, comme formant une rédaction définitive. La déclaration des droits doit déformais fervir à notre affociation de titre primordial; avant de la clorre elle doit donc être révifée & confentie par la nation.

naiſſance à de nouvelles interprétations fauſſes, à de nouvelles contradictions, il en réſulte-roit de nouveaux abus, de nouvelles uſur-pations, qui s'autoriſeroient du droit fonda-mental; & où recourir quand le mal prend ſa ſource dans le principe même, qu'il n'eſt plus permis de conteſter ?

Je voudrois que cette déclaration des droits fût énoncée d'une maniere ſi ſimple, ſi claire, ſi ſenſible, qu'elle méritât de devenir le caté-chiſme politique du citoyen, ou le livre de la morale univerſelle du genre humain; & pour cela je voudrois que l'art politique y fût tellement menagé, qu'il n'y fît que culti-ver la nature & qu'en diriger, en quelque ſorte, la ſeve. Ce ne doit être autre choſe que là raiſon antée ſur l'inſtinct, de maniere que par une habile réunion (qu'on me per-mette cette alluſion), il en réſulte un arbre ſocial dont les fruits ſains & ſavoureux portent dans l'ame un ſentiment exquis & une jouiſ-ſance pleine.

Mais cet intéreſſant ouvrage ne ſauroit-être celui de la précipitation & de la pre-miere efferveſcence des eſprits; ſi le choc des opinions eſt infiniment avantageux pour aiguillonner l'imagination & pour la rendre

féconde en heureuſes idées, ce n'eſt que dans
le ſilence du recueillement, & qu'à l'examen
d'un impartiale raiſon que l'on peut ſaiſir cet
enchaînement, ce point de combinaiſon d'où
dépend toute la ſolidité & la régularité de
l'enſemble ; d'ailleurs ce n'eſt pas là le plus
preſſant ; c'eſt bien le but où il faut viſer,
mais auparavant que de s'en occuper uniquement, il eſt de la ſageſſe de s'en aſſurer l'exé-
cution. Architecte, tu t'arrêtes trop à colorier
tes plans ; hâte-toi de mettre en œuvre les
excellens matériaux que tu as entaſſés ſans
ordre autour de toi, & fais en ſortir le ma-
jeſtueux monument dont ils font naître l'idée.
Il ſera temps de ſonger à l'inſcription & à
ſon encâdrement lorſque tu auras élevé la
colonne qui doit la porter.

Point fondamental d'où il faut parti.

COMMENÇONS par affranchir nos idées de
toute eſpece d'entraves, & ne conſidérons
les choſes que ce qu'elles ſont en elles-mêmes.
Il en eſt des corps politiques comme des per-
ſonnes ; ils ont chacun leur tempérament,
leur caractere, leur phyſionomie. Gardons-nous
de vouloir en imiter aucun ; nous n'en con-

noiſſons point, pas même des anciens, qui
pût nous offrir un enſemble aſſez déſirable.
D'ailleurs la France mérite bien d'avoir une
exiſtence diſtinctive & qui lui ſoit propre;
c'eſt à elle à devenir modele, Puiſque nous
en ſommes à lui créer un nouvel être, appli-
quons - nous à lui former un tempérament
ſain & robuſte, un caractere bon, & une
phyſionomie intéreſſante; & pour cela ne pre-
nons conſeil que de la raiſon & de la nature.
Nous connoîtrons leur bonne intelligence,
lorſque l'une ne fera que favoriſer les opérations de l'autre, ou plutôt lorſqu'elle ne fera
que les étudier & les appliquer à propos.

Il eſt donc eſſentiel que nous faſſions abſ-
traction de toute eſpece de gouvernement;
que nous ne nous propoſions ni le monar-
chique, ni le républicain, ni le gouvernement mixte. Allons droit au but, qui eſt de
conſtituer l'état le plus heureuſement poſſible
pour tous, ſans nous laiſſer diſtraire par aucunes
conſidérations particulieres, & ſans nous in-
quiéter de ce que deviendront les choſes:
elles feront ce qu'elles doivent être. Malheur
à qui le bonheur commun ne feroit pas le
ſien !

Je ſens que pour pouvoir rendre mes idées

j'ai befoin d'établir un ordre à ma maniere. Je prie le lecteur d'être indulgent pour un homme qui vit éloigné de tout fecours, qui n'entend parler des nouvelles qu'au hafard, & trop confufément pour pouvoir en fuivre aucun fil ; qui, en un mot, n'a d'autre guide que fon cœur, d'autre ftimulant que fon zele pour la félicité publique, de laquelle feule il fait dépendre la fienne propre : quant aux défauts de ftyle ou aux fautes de langage qui pourront m'échapper, je ne *les* compte pour rien fi l'oreille feule en eft bleffée ; auffi bien je ne m'engage point à parler à l'imagination, toujours exigeante pour le coloris, mais à l'efprit de combinaifon & aux cœurs patriotes, qui ne s'attachent qu'au fonds. Quand on m'aura lu, on jugera fi j'ai rempli mon titre.

CHAPITRE PREMIER.

Développement de l'organifation phyfique.

§. Iᵉʳ.

Confidération générale fur la France.

IL ne faut que jeter un coup - d'œil fur l'empire françois, pour voir qu'il eft bizarrement compofé de parties incohérentes, & qui, au lieu de tendre à un centre de réunion, ne font que fe repouffer mutuellement. Chaque province, chaque canton de cette province a fes ufages, fes lois, fes mœurs, fes priviléges, fon rite, &c. ; en forte qu'une province ne regarde fouvent une autre province que comme une nation qui lui eft à peu près étrangere. Cet état d'aliénation, de diflocation, fi je puis m'exprimer ainfi, a

même lieu entre les diverfes paroiffes, & juſqu'entre les diverſes familles qui compoſent
chaque paroiſſe. Chacune difpute à l'autre ſa
ſupériorité, ſes prérogatives. Tant de variétés
& d'oppoſitions peuvent bien former un aſſem-
blage de pays diſparates qui obéiſſent à une
force impérieuſe, mais non pas un corps politique qui agiſſe par ſa propre activité, qui
faſſe circuler le ſentiment dans tous ſes
membres, &, pour tout dire, qui ſoit le
propre gardien, le propre conſervateur, le
propre modérateur de ſon être.

Il eſt donc évidemment néceſſaire de re-
fondre, en quelque ſorte, la France, & de
la reproduire dans la combinaiſon propre à lui
donner une exiſtence vivante. Il n'eſt pas
queſtion, pour cela, d'occaſionner de nouveaux malheurs, de nouveaux bouleverſemens;
les grands coups, ces coups qui étoient tant
à redouter, ſont portés, hélas ! trop cruellement ; il s'agit qu'ils ne l'aient pas été en
vain. Tout le mal, ou plutôt beaucoup trop
de mal eſt fait; c'eſt le bien maintenant qu'il
faut opérer, & pour y parvenir ſûrement, ſui-
vons la marche la plus ſimple, la plus directe;
à coup ſûr elle ſera auſſi la meilleure.

§. I I.

Diſtribution des paroiſſes.

C'EST dans les paroiſſes que doit ſe faire la combinaiſon élémentaire de l'œuvre patriotique, parce que c'eſt là que, par l'influence de chaque citoyen, doit ſe former la ſource de ce fluide vital qui doit en animer l'organiſation. Tout dépend donc de la juſteſſe de cette premiere opération, dont les difficultés n'ont beſoin que d'être mépriſées, pour être applanies.

On compte, dit-on, dans le royaume, quarante-quatre à quarante-cinq mille paroiſſes, qui pour la plupart ne préſentent qu'une diſproportion choquante. Pluſieurs de ces paroiſſes ſont beaucoup trop grandes, & un plus grand nombre encore ſont beaucoup trop petites; ces deux extrêmes ſont également vicieux : dans les unes, la majorité des citoyens reſte négligée, perdue dans la foule ; dans les autres, il n'y en a pas de citoyens, parce qu'il ne ſauroit y avoir d'eſprit public là où il n'y a que quelques hommes qui vivent iſolés, & ſans preſque aucune aſſociation; dans

les premieres le miniftere public eft infuffifant ;
il n'y éclaire que la furface ; dans les dernieres il languit faute d'aliment ; de là il arrive
que quantité de membres du corps politique
perdent toute fenfibilité , tandis que d'autres
en acquierent trop (1). C'eft à remédier à ce
vice primordial qu'il faut d'abord s'attacher.

---

(1) Je ne fais fi je rends bien mon idée : je veux
dire , que tandis qu'il y en a beaucoup qui deviennent
étrangers à la chofe publique , il y en a d'autres qui
s'en emparent trop , & qui veulent fe rendre trop importans. Affurément ceux qui dominent dans la fociété, &
qui jouiffent de tous les avantages, ne fentent pas
trop pour l'intérêt commun ; qu'on en juge par leur
outrageante fierté, par leurs dédains pour ce qu'ils
appellent *la populace*, & par leurs prétentions exclu-
fives ; mais ils font très fenfibles à tout ce qui peut
leur conferver ou augmenter leur domination & leurs
jouiffances. Ce vice n'eft autre chofe qu'un rengorge-
ment dans le corps politique ; la fenfibilité ne fe re-
tire d'un côté, que parce qu'elle fe porte toute vers
l'autre ; prenez donc les moyens d'en rendre la circu-
lation libre & facile, & commencez par établir de
juftes proportions. Ce n'eft pas là ce que veulent nos
ariftocrates ; ils ignorent, ces malheureux ! que le
bonheur ne confifte pas à ne fentir qu'en foi, mais en
tout ce qui nous touche. Dans un corps bien organifé,
la fenfation eft commune à tous les membres.

Je fens bien qu'il ne feroit pas poffible
d'établir une regle d'uniformité rigoureufe
pour toutes les paroiffes ; ce feroit fe créer
des obftacles qu'il ne feroit ni fage, ni bon
de tenter à vaincre ; mais on peut aifément
s'en faire une qui, en excluant le trop & le
trop peu relatifs, en réuniffe bien plus utilement tous les avantages , & fe prête à
toutes les circonftances, à toutes les localités
qui néceffitent ; celle que je conçois me paroît devoir parfaitement convenir.

Diftinction des paroiffes.

Je diftingue deux fortes de paroiffes, les
unes de ville, & les autres de campagne.

Parmi celles-ci j'en diftingue auffi de deux
efpeces, les unes que j'appellerai villages (1),
& les autres bourgs.

---

(1) Dans mon acception, le mot de *village* eft pris
pour défigner le chef-lieu des paroiffes champêtres, &
je donne exclufivement le nom de *hameau* à tout
affemblage de maifons qui en eft féparé ; ces deux
mots devroient en effet avoir une fignification particuliere
& précife.

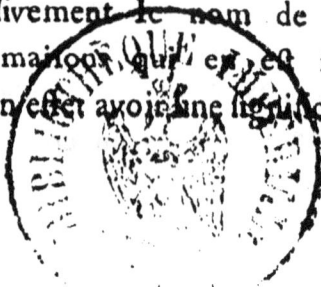

B

Pour ce qui eſt des villes je les range en trois claſſes : dans la premiere je n'y comprends que les ſeules capitales des provinces (1) ; dans la ſeconde, j'y comprends toutes les villes ſecondaires dont les paroiſſes auront la population requiſe ; & enfin, dans la troiſieme, toutes celles dont les paroiſſes ſuivront la regle de population des villages ou des bourgs.

Toute ville ſera compoſée, au moins, de deux paroiſſes; & par-tout où il y en aura deux, ce ſera réputé ville.

Quant à Paris, je le conſidere à part ; je le réſerve pour en faire le point central, ou la liaiſon du tout (2) ; cette réſerve ne doit

---

(1) Si je conſerve le nom de *province*, j'y attache une toute autre idée que celle qu'il a préſentée juſqu'ici. Par province je n'entends plus exprimer une étendue de pays qui a ſon eſprit, ſon régime à part, & dont les limites jalouſent les limites voiſines ; mais la collection d'un certain nombre de cantons qui ne ſe réuniſſent que pour concourir à l'exiſtence du tout.

(1) Il m'eſt doux d'avoir à me rétracter du jugement que j'avois porté de Paris, dans un petit écrit

avoir rien d'inqu tant. Si Paris, comme chef-lieu de l'affociation, doit avoir quelques traits

---

qui a pour titre , *la voix d'un citoyen fur la maniere de former les États - Généraux*. Dans cet ouvrage j'excluois Paris & fa trop grande proximité, pour la tenue des Etats. Cette ville magique, difois-je, n'eft pas bonne pour laiffer l'efprit dans le calme de la réflexion, & le cœur dans la pureté des fentimens: qu'elle étoit alors mon erreur ! Comme Paris s'eft enflammé pour la caufe nationale ! Ah! que ne peuvent pas devenir les François , puifque Paris a fu tout à coup s'arracher à la frivolité , & devenir le théâtre de la liberté & de l'héroifme ! Pourquoi faut-il qu'il ait été auffi, parfois, un théâtre d'horreurs ?

L'auteur des *Révolutions de Paris* , dont j'eftime beaucoup les fentimens & le caractere de patriotifme, ne ceffe de témoigner fes vives inquiétudes fur le genre d'autorité que prennent les Repréfentans de la commune de Paris; il craint qu'il ne s'établiffe parmi eux un centre de la plus defpotique Ariftocratie, & que cette ville ne s'empare de la fuprématie fur les provinces; j'entre dans les motifs de fon zele, & je fuis parfaitement de fon avis. Cependant je ne perfifte pas moins à vouloir faire de Paris le centre national. C'eft que mon plan tend à rompre toutes les mefures des petites paffions humaines, & à établir un gouvernement qui n'a rien de commun avec les autres &

plus marqués ; ces traits doivent être régu-
fiers & exactement proportionnés au reste du
corps.

Regle de population pour les villages & les bourgs.

TOUTE paroiſſe de village devra être
compoſée au moins de 140 feux, & pourra
s'étendre juſqu'à 200 feux ; celles qui paſſeront ce nombre, feront réputées bourgs.

Les bourgs contiendront depuis environ
220 feux, juſqu'à 300 ; ceux qui paſſeront
notablement ce nombre feront diviſés en
deux paroiſſes, & deviendront villes de la
troiſieme claſſe.

Regle de population pour les villes.

DANS les villes de la derniere claſſe, les

que j'appellerai le gouvernement de la raiſon & de la
vertu publiques ; ou, pour m'exprimer mieux, dans
mon idée, je n'enviſage point notre corps politique
comme devant être mû par des volontés particulieres,
mais comme devant ſe mouvoir par la ſienne propre :
dès-lors Paris peut, non ſeulement en devenir le chef
ſans danger, mais il doit l'être par un ſage choix.

paroisses se conformeront, ou à la regle de population des villages, ou à celle des bourgs; c'est-à-dire, que celles qui contiendront depuis 8 à 900 ames, jusqu'à 11 ou 1200, suivront la regle des villages; & celles qui passeront ce nombre & contiendront jusqu'à 16 ou 1800 ames, suivront la regle des bourgs.

Dans les villes de la seconde classe, les paroisses seront composées de trois à quatre mille ames.

Enfin, dans les capitales de provinces, elles le seront de quatre à cinq mille. Paris lui-même sera soumis à cette derniere regle; ainsi, comme on compte environ un million d'ames dans son enceinte, il s'ensuit qu'il devra être divisé en deux cents paroisses, toutes à peu près égales.

D'après ces données, nous avons un moyen sûr de parvenir facilement à toutes les extrémités, d'en saisir tous les rapports sans confusion, & d'en disposer l'organisation d'une maniere proportionnée & relative les unes aux autres.

Réponſe à une difficulté qui peut paroître grave.

UNE ſeule difficulté me paroît mériter quelque attention : c'eſt qu'en exigeant que les moindres paroiſſes aient au moins cent quarante ſeux, il arrivera que, dans les endroits peu peuplés, il y aura des hameaux qui ſe trouveront bien éloignés de leur chef-lieu, & de là que d'inconvéniens !

Je ne les diſſimulerai pas ces inconvéniens; mais ils ne ſont point à comparer aux avantages ſans nombre qui réſultent de ma regle de proportion ; d'ailleurs ces mêmes inconvéniens exiſtent déjà dans pluſieurs endroits, & d'une maniere très-bizarre. Au moins ma regle fera diſparoître cette bizarrerie , en arrondiſſant les paroiſſes , & en adaptant à chacune ce qui paroîtra lui devoir convenir. — Mais j'augmente le nombre des paroiſſes difficultueuſes. — Qu'on faſſe auſſi attention que, par mes diſpoſitions, beaucoup d'autres le deviennent infiniment moins, & qu'il peut y avoir compenſation. Après tout, ce qui n'eſt point impraticable pour certains citoyens, ne doit point l'être pour d'autres ; & ce n'eſt point à de ſemblables obſtacles

à nous arrêter dans la marche du bien général.

Mais ces proportions des paroiſſes peuvent-elles être durables ? Oui, car la regle
étant une fois établie, il exiſtera une ſur-
veillance toujours active, pour la faire obſerver. Ainſi, les changemens que le temps peut
amener dans les paroiſſes, ne changeront rien
à la regle des proportions.

§. III.

*Moyens progreſſifs pour former un mécaniſme
complet.*

J'AI lieu de croire que la regle que nous
venons d'établir pour les paroiſſes, en dimi-
nuera le nombre de quatorze à quinze mille.
Ainſi c'eſt à peu près trente mille paroiſſes
ſur leſquelles nous avons à compter & prendre
nos dimenſions. Je ſuppoſe ce nombre exactement rigoureux ; le plus ou le moins trou-
vera aiſément ſa place ; il n'eſt queſtion maintenant que de les aſſocier progreſſivement,
afin de parvenir à ce point de liaiſon, ſiége
de la vie & de la ſenſibilité communes.

Ces aſſociations partielles doivent être fort
ſimples ; tout leur mérite conſiſte à avoir une

parfaite correfpondance entre elles , & j'ofe croire que les dimenfions que je prends onț , fous tous les rapports, ce mérite-là.

J'établis , pour toutes les vingt-cinq paroiffes une affociation que j'appellerai *canton*, dont le centre de réunion fera la ville ou le bourg qui les arrondira le mieux.

Huit cantons formeront un évêché, & cinq évêchés conftitueront un archevêché, & en même temps une province; de forte que chaque province fera compofé d'un archevêché, de quatre évêchés, de quarante cantons, & de mille paroiffes.

Les mots de *paroiffes* & d'*évêchés*, que je place ici avec une forte d'attention, paroîtront fans doute être bien du ftyle d'un curé. Citoyens, mes vues font nationales. Ce n'eft pas fans deffein que je fais marcher enfemble le *religieux* & le *civil* ; je voudrois tellement les réunir , qu'ils ne fiffent qu'*un*, afin de les faire concourir plus puiffamment à la même fin.

Telles font les difpofitions qui conftituent l'organifation phyfique de mon fyftême, quoique fimples , elles ne renferment pas moins toutes les propriétés heureufes pour combiner toute efpece de biens, comme on le verra fe développer dans l'organifation morale.

N. B. Ma maniere de procéder, comme
on voit, n'a rien de commun avec la divifion territoriale de la France que l'on propofe.
Je laiffe à examiner lequel de ces deux principes générateurs offre un plan plus régulier,
plus organique, plus fenfitif, s'il m'eft permis de me fervir de ces expreffions. Dans la
divifion territoriale, c'eft le terrein qui donne
de la valeur aux hommes, tandis que ce font
les hommes qui doivent donner de la valeur
au terrein, ou plutôt, tandis que les hommes
doivent valoir tout leur prix par eux-mêmes.
Qu'on y réfléchiffe bien : de ce premier vice
doit réfulter une foule de difformités & de
difproportions dans le corps politique : en
effet, pour établir une régularité topogra-
phique, qui en foi eft très-irréguliere à caufe
de la différence des fols, on perd néceffaire-
ment les proportions effentielles qui doivent
lier les affociations les unes aux autres, &
leur communiquer, avec précifion, le mouvement qui convient à chacune. On perd l'efprit national pour ne laiffer fubfifter que l'efprit
territorial. Mes idées fe développeront avec
mon plan.

CHAPITRE II.

Développement de l'organisation morale.

C'EST ici le *grand-œuvre :* il s'agit de raffembler, dans leur véritable combinaifon, les parties organiques de la félicité publique. Pour cette importante & délicate opération, écartons avec foin tout préjugé, toute idée trop fubtile ou trop recherchée; en un mot, tout ce qui fent la complication & la contrainte. Gardons-nous de vouloir donner à la nature des lois qui la contrarieroient; elle ne fouffre point de violence; ce n'eft qu'en fuivant les fiennes que nous pouvons parvenir à lui ravir fon fecret, & à opérer une *œuvre* qu'elle s'empreffera d'adopter dans fon fein, & de fomenter de fa puiffance productrice. Abandonnons-nous donc à fon falutaire & puiffant inftinct, qui feul doit nous guider.

Il ne fera peut-être pas inutile de nous prémunir contre les raifonnemens vicieux que l'on a fi fouvent faits, fur l'influence relative des climats, avec leurs gouvernemens. Il eſt certain que chaque ſol a ſa propriété qui influe ſur les mœurs & le caractere de ſes habitans. Cette vérité a été très-bien ſentie par l'auteur de l'*Eſprit des Lois*; mais il en a tiré de fauſſes conſéquences : ſuivant lui, l'eſprit de chaque gouvernement tire ſon origine de ſon ſol; il auroit cependant dû obſerver que cet eſprit a ſouvent varié ſur le même ſol. Tel fut jadis le théâtre de la liberté & de la gloire, qui n'eſt aujourd'hui que celui de l'humiliation & de l'eſclavage. La Grece & Rome en ſont un exemple frappant; &, ſans ſortir de nos contrées, nous y pouvons remarquer les mêmes aliénations; pourquoi? c'eſt que les gouvernemens ſont comme des antes, s'il m'eſt permis de rappeler encore cette idée, qui modifient le ſauvageon, qui ſubſtituent leurs productions aux ſiennes, & qui en dénaturent la ſéve. Nous ne pouvons donc pas juger de l'eſprit primitif des peuples par leurs gouvernemens; ils ſont dans un état forcé & preſque toujours inconvenable. Auſſi voilà pourquoi ils ſe ſentent ſi ſouvent mal à l'aiſe, & qu'il arrive ſi ſouvent des révolutions parmi eux. Pour établir un bon & durable gouvernement, il faudroit remonter à cet efprit primitif, le bien faifir & le diriger utilement dans le *greffon* qui lui convient.... Mais c'eft trop m'appefantir fur cette obfervation ; il me fuffit qu'on entrevoie bien mon idée, & qu'on ne s'autorife pas à dire trop légerement; telle ou telle autre chofe ne nous eft pas propre.

ARTICLE PREMIER.

Du miniftere religieux.

IL faut commencer par pourvoir au culte religieux, d'où dépend toute la folidité de l'ouvrage. Je n'entrerai pas ici dans l'examen de ce qu'il doit être ; je le fuppofe tel (1);

---

(1) A Dieu ne plaife que j'éleve une voix d'oppofition contre la liberté des cultes. J'aime que tout homme puiffe être ouvertement & franchement ce qu'il eft : c'eft le moyen de l'être mieux ; mais j'obferverai que la bizarrerie des cultes eft enfant de l'erreur : philofophes fages, vous m'entendez........ Eh bien, dira-t-on, laiffez errer chacan à fa maniere, & ne gênez jamais les confciences: non, fans doute, il ne faut point gêner les confciences; c'eft un acte de tyrannie qui ne fut jamais dans l'efprit de notre

& partant de là je ne crains pas d'avancer
que le miniſtere paſtoral eſt , ſans contre-

---

divin légiſlateur ; mais faut-il pour cela abandonner ,
avec inſouciance , l'erreur à elle-même ? Faut-il la
laiſſer déifier à ſon gré tous ſes délires , au détriment
de la bonne morale qu'elle vicie tout en prétendant
la perfectionner? Sans établir aucune inquiſition ſur
les conſciences , n'y auroit-il pas un moyen de les
gagner par l'attrait du beau , du grand , du vrai ?
Otez à l'impoſture ſon aliment ; ôtez aux ſectes ce
qu'elles ont de ſuperſtitions & de préjugés , & vous
détruiſez leur exiſtence. Or ſeroit-ce donner un conſeil ſuſpect, que de propoſer d'épurer tellement notre
culte religieux de toute opinion fauſſe , ou du moins
immorale , & de le rendre ſi propre à honorer Dieu ,
ſi ſalutaire aux hommes, qu'il méritât ſeul l'enſeigne-
ment & l'encouragement publics ? Pourquoi des hommes
réunis ſous les mêmes auſpices , & vivans dans le ſein
d'une même patrie , varieroient-ils dans les hommages
qu'ils rendent à leur commun pere ?

Je voudrois donc que l'on fît un *catéchiſme* & un
rituel religio-nationaux ; que dans l'un on expoſât,
dans leur vrai jour , les principes de la croyance &
de la morale , & que dans l'autre on réglât , d'une
manière conſtante & uniforme , toutes les lois & les
obſervances religieuſes ; bien entendu qu'on en excluroit tous ces riens importans & toutes ces lois abſurdes ,
qui , contrariant mal à propos la nature , ne ſont

dit, le plus intéreſſant des miniſteres. Je ſens bien la trop juſte réflexion que l'on peut faire. — Mais ne prenez déformais, pour le remplir, que les plus intéreſſans des hommes; & pour les obtenir, aſſurez-leur le fort qui convient à l'homme de bien.

Avant de nous en occuper, commençons par déterminer le nombre des miniſtres néceſſaires dans chaque paroiſſe.

Outre ſon curé, chaque paroiſſe devra avoir

---

propres qu'à faire des infractaires, & à donner lieu à des ſcandales. Cette idée, non ſeulement je ne la crois pas indigne de l'attention nationale : mais je la crois même de la premiere importance ; car il s'agit de ces premieres impreſſions qui décident ordinairement de la tournure de l'ame. Peut-être, dans un autre temps, aurai-je occaſion de m'expliquer ſur les grands biens que je conçois en ce genre ; quant à préſent il ne doit être queſtion que de diſpoſer les moyens de les opérer.

Jamais circonſtance ne fut plus favorable pour dompter l'hydre fanatique ; les grands coups qu'on vient de porter à ſon empire, l'ont ébranlé juſques dans ſes fondemens ; profitons de ſa terreur pour détrôner ce monſtre qui s'eſt ſi ſouvent baigné dans le ſang humain, & enchaînons pour jamais ſes fureurs parricides.

un nombre de vicaires relatif à sa population. Ainsi, dans les villages il devra y avoir un vicaire, & dans les bourgs deux.

Dans les villes de la derniere claffe, fi les paroiffes équivalent à celles des villages, elles n'auront qu'un vicaire, fi elles équivalent à celles des bourgs, elles en auront deux.

Dans les villes du fecond ordre, il devra y avoir trois vicaires, & enfin dans celles du premier ordre, il devra y en avoir quatre.

Venons maintenant au fort qu'il convient d'affigner à chacun d'eux, en fuivant l'ordre le plus exaɛ des proportions.

Les curés de campagne, foit de villages, foit de bourgs, devront avoir 1800 liv. (1),

---

(1) Je crois avoir pris le terme moyen. Le fort que j'affigne aux miniftres de la religion, eft de nature à être fuffifant par-tout, & à n'avoir rien d'exceffif nulle part. Si on vouloit confulter les petites inégalités qui peuvent réfulter du plus ou du moins d'aifance que l'on trouve dans les divers endroits, outre que l'on ne parviendroit jamais à en faifir outes les nuances, on perdroit la grande regle d'uniformité fur laquelle l'efprit aime à repofer. D'ailleurs, fi un pays

avec un logement honnête & commode, &
un jardin d'environ un arpent; & les vicaires
900 liv. avec auſſi le logement & un jardin
d'environ demi-arpent.

Je ne ferai plus mention des villes de la
derniere claſſe, parce qu'elles ſuivront en tout
la regle à laquelle nous les avons déjà ſou-
miſes.

---

offre moins de reſſources à la vie dans un genre, il
peut, dans un autre, ſe racheter de ces inconvéniens.

Je n'ai donc égard qu'à la dépenſe réelle que né-
ceſſite le ſéjour des villes, ſoit pour le vivre, ſoit
pour l'entretien. Ainſi, les curés de bourgs n'auront pas
plus que ceux de villages, parce qu'ils ont également
un jardin, & que, dans les bourgs, il y a au
moins autant de facilités pour la vie, que dans les
villages.

Je ne fais pas non plus entrer dans mes conſidérations le plus ou le moins de pauvres; le revenu
que j'attribue aux curés les regarde ſeuls; ils pourront
en jouir comme tout citoyen jouit du ſalaire de ſes
travaux & de ſon induſtrie. Eſpérons que lorſqu'on
n'opprimera plus perſonne, nous verrons peu de pauvres,
& que ceux qu'un malheureux ſort pourſuit trouveront
toujours, dans leurs curés, de zélés interceſſeurs, toujours prêts à donner l'exemple de la charité, & à
exciter, en leur faveur, la commiſération d'autrui.

Les

Les curés des villes de la seconde claffe auront 2200 liv. avec le logement, mais point de jardin; & les vicaires 1100 li., avec auffi le logement; enfin, dans les villes de la troifieme claffe, les curés auront 2600 liv., & les vicaires 1200 liv.

Quant aux curés de Paris, je leur affigne 3400 liv., & aux vicaires 1400 liv., & toujours le logement.

Point de difficulté pour les curés: leur place fera le terme ordinaire de l honneur facerdotal; mais comme il y aura plus de vicaires que de curés, que par c féquent ils ne pourront pas tous le devenir, je crois qu'il ne feroit pas bon de les laiffer fans quelque fujet d'émulation; d'ailleurs, il me paroît jufte de récompenfer les longs fervices. Ainfi je fuis d'avis, qu'au bout de huit ans, les vicaires qui ont 900 liv., augmentent de 150 liv., & au bout de douze qu'ils aient 1200 liv., terme auquel ils refteront fixés, à moins qu'ils ne deviennent curés; que ceux qui ont 1100 liv. parviennent, en fuivant la même marche, à 1500 liv.; ceux qui ont 1200 liv. à 1600 liv.; & enfin que les vicaires de Paris parviennent à 1800 liv.: cette

C

diſtinction eſt due à l'ancienneté, & conſole de ſon état.

Pour ce qui eſt des évêques & des archevêques, j'aſſigne aux premiers 20,000 liv., & aux ſeconds 30,000 liv.; le ſeul archevêque de Paris, qui ſera le chef ou le patriarche du clergé national, devra avoir 100,000 liv.

On parle de chapitres cathédraux, de conſeil épiſcopal: je ne ſais ſi nous en aurons beſoin. Mon plan n'eſt pas de laiſſer beaucoup à faire à la ſollicitude épiſcopale; j'aimerois mieux que l'égliſe cathédrale fût érigée en cure, modele des autres, & dont l'évêque feroit lui-même curé; ſeulement ſes vicaires auroient le titre de grands-vicaires, & lui ſerviroient de conſeil, conjointement avec les curés de la ville, & auroient les mêmes émolumens que ces curés. Il me ſemble que cette idée eſt bien plus ſatisfaiſante, & qu'elle entre bien mieux dans l'ordre moral des choſes.

Mais où prendre maintenant de quoi fournir à cette dépenſe? Sur les revenus de l'état. Il s'agit d'un miniſtere public, le public doit donc le défrayer. — Mais ne feroit-il pas ſage

de conferver les biens du clergé, & de les
deftiner à cet emploi ? Non : je conçois de
ces biens un meilleur ufage à faire ; je le
dirai quand il fera temps. Que la nation
s'en eft fagement & falutairement déclarée
propriétaire ! Malgré les réclamations d'hommes
que j'eftime & que je révere, ie foutiens
qu'en cela elle n'a fait qu'ufer de fon droit
inconteftable, & qu'elle ne s'eft que rendue
juftice à elle-même. Combien de funeftes, d'in-
tolérables abus retranchés par ce feul acte,
que je regarde comme une reftitution faite
à l'humanité trop long-temps abufée ! Non,
je ne le diffimulerai pas ; quoique je n'aie point,
dans cette occafion, l'honneur de faire à la
patrie aucun facrifice, & qu'au contraire je
n'aie qu'un meilleur fort à en attendre, j'ofe
cependant me réjouir d'une difpofition qui prépare aux citoyens les plus grands avantages
& moraux & phyfiques.

Je ne fuis pas, pour cela, pleinement fatis-
fait de la décifion qui a été prife à ce fujet.
J'avoue que je ne pus entendre, fans émotion,
l'Affemblée nationale prononcer l'abolition de
la dixme eccléfiaftique, & refpecter celle des
laïques ; j'avois peine à contenir le fentiment qui

m'agitoit (1), & s'il m'eût été permis de
monter à la tribune & de faire entendre ma
voix, malgré ma fotte timidité qui me rend
incapable d'improviser, voici, à peu près, ce
que j'aurois osé représenter.

« C'est avec toutes fortes de raisons, Mes-
» fieurs, que vous vous décidez à prononcer
» l'extinction de la dixme ; les vues d'ordre
» & de justice qui vous dirigent, vous en
» font même un devoir. Mais pourquoi faut-
» il que j'entende distinguer la dixme ecclé-
» fiastique d'avec celle des laïques? Pourquoi
» faut-il que celle-ci soit plus privilégiée,
» comme si elle étoit moins désastreuse, ou
» comme si elle avoit des droits plus respec-
» tables sur les peuples? J'ai beau chercher
» en moi les motifs de cette préférence, je
» n'en trouve qu'au désavantage de la dixme

_____

(1) Je me trouvai à Versailles lors de la discuf-
fion de la dixme, & j'assistai aux trois dernieres séances
où il en fut question : j'étois tellement ému de cette
partialité en faveur des laïques, que je ne pus m'empêcher d'en témoigner mon mécontentement à ceux qui
m'entouroient

» laïque. En effet, jamais les peuples n'ont
» prétendu s'impoſer l'obligation de la dixme,
» qu'en faveur de la religion & de ſes mi-
» niſtres : comment arrive-t-il donc que des
» laïques, ſans aucune eſpece de titre, &
» après avoir épuiſé tous les autres genres de
» vexations ſur les peuples, ſe ſont encore
» emparés de leurs dons pieux? ils ont ache-
» té, dira-t-on; & qui eſt-ce qui a pu leur
» vendre? qui eſt-ce qui a pu prétendre au
» droit foncier ſur le tribut du travail, qui
» ne fut accordé que pour le ſeul maintien
» de la religion ? Détourner cette fin, n'eſt-ce
» pas caſſer la condition du tribut? — N'im-
» porte: c'eſt devenu un objet de commerce,
» & la loi doit le revêtir de ſa ſanction.
— » Quoi! parce que deux fripons ſe feront
» accordés à faire un pacte frauduleux, qu'ils
» auront diſpoſé à leur gré de ce qui ne leur
» appartient pas; on exigera que le tiers léſé
» s'y ſoumette? Quoi! l'homme qui a été
» vendu devra ſe croire eſclave, parce que l'a-
» cheteur en aura payé le prix convenu! La
» juſtice éternelle ne le rend-elle pas le pro-
» priétaire de ſon être; & quelque autre que
» lui peut-il jamais le devenir? Si donc le
» peuple peut, s'il ſe doit même de ſuppri-

» mer la dixme eccléfiaftique, à caufe des
» énormes abus auxquels elle a donné naif-
» fance ; à combien plus forte raifon ne fe
» doit-il pas de fupprimer la dixme laïque,
» qui n'eft qu'une ufurpation, un vol mani-
» fefte, je dirois prefque un facrilége ; car je
» ne trouve rien de trop fort pour exprimer
» le crime du ravifleur puiffant qui fe joue
» de la fimplicité & de la bonté trop facile
» du foible qu'il dépouille (1) ».

---

(1) Beaucoup de perfonnes confondent la dixme des
laïcs, avec les droits de *champart*, de *perciere*, &c.
Ces droits peuvent fuppofer une propriété (le plus
fouvent ufurpée, comme font encore les feigneurs fur
les terreins vacans, qu'ils s'approprient fans façon, &
que nos lois barbares leur donnent même, tant elles
font accoutumées à leur donner) ; ces droits, dis-je,
peuvent fuppofer une ancienne propriété qui n'a été
cédée qu'à telle condition; mais la dixme, proprement
dite, n'a rien de commun avec ces droits ; c'eft un
tribut, comme je l'ai déjà dit, que le peuple s'eft
impofé fur fon travail, pour les frais du culte, .&
dont les laïcs fe font emparés au détriment des églifes
& du peuple. Auffi y-a-t-il eu des laïcs, qui, par
remords de confcience, ont reftitué des dixmes au clergé.
Regle fûre, c'eft que, toutes les fois qu'il n'y a qu'une
efpece de dixme, elle eft ou elle fut jadis eccléfiaftique.

Efpérons que l'Affemblée nationale reviendra fur cette partie de fon ouvrage, qu'elle ne le laiffera pas imparfait, & qu'elle fera juftice entiere.

Nous aurions maintenant à nous expliquer fur l'élection des pontifes ; fur le choix des miniftres fecondaires; fur le genre d'éducation qui doit les y préparer ; fur les moyens infaillibles de les avoir toujours irréprochables, toujours dignes d'être les docteurs de la morale & les prédicateurs de la vertu ; enfin fur le traitement à faire à ceux que l'âge & les infirmités rendent invalides. Mais ces chofes tiennent à beaucoup d'autres, & il nous faut auparavant monter d'autres refforts, & mettre en jeu d'autres mouvemens.

A r t. I I.

Des confeils civiques.

GARDONS - NOUS de confier le dépôt des lois à un corps fpécial de magiftrats, & de nous repofer fur eux du foin d'y veiller & de le faire valoir. Outre qu'ils ne tarderoient pas à fe prévaloir de notre confiance, à fe faire un efprit à part, à fe croire les arbitres du fort des citoyens; il n'eft pas bon que le corps entier fe décharge ainfi du foin de fon propre régime. C'eft dans le fein même de la nation; c'eft fous la furveillance, toujours en activité, des citoyens, que ce dépôt doit refter.

La loi appartient à tous : tous les citoyens doivent donc fe preffer autour d'elle pour lui prêter une force commune.

La loi eft le garant de la liberté, de la propriété, de la fûreté, du bonheur de chacun : tous les citoyens doivent donc la connoître; ils doivent s'en pénétrer, &, par conféquent, ils doivent pouvoir en faire l'application; ou plutôt, c'eft à eux feuls qu'il appartient d'en faire l'application autour d'eux.

Des jurifconfultes ! des légiftes ! des magiftrats habituels, & tout l'attirail de la judicature ! Tout cela peut être néceffaire quand la légiflation eft un monftrueux affemblage des caprices du pouvoir, & des droits de force, ou un amas confus d'ufages infenfés & bizarres; il faut bien alors une étude particuliere pour apprendre à connoître les routes embrouillées de ce labyrinte d'iniquités, & il faut bien un certain genre de fagacité pour s'y frayer une iſſue; mais lorſque la légiſlation n'eſt que le ſimple développement de cette juſtice natu-relle que chacun porte gravée dans ſon cœur; lorſ-qu'elle n'eſt que l'expreſſion de la volonté gé-nérale, il ne faut alors que du ſens & de la droiture, & rien autre choſe.

Ainſi donc nous n'aurons point des gens de juſtice; mais nous aurons des citoyens juſtes & amis de l'ordre. Ainſi nous n'aurons point de cours judiciaires dans le genre de celles qui exiſtent; mais nous aurons des conſeils que j'appelle *civi-ques*, parce qu'ils ſeront conſtamment remplis par de ſimples citoyens élus librement par leurs con-citoyens, pour exercer une magiſtrature paſſa-gere, qui ne leur laiſſera de droits qu'à l'eſtime qu'ils auront méritée.

Tel ſera l'ordre dans lequel ces conſeils ſe-ront progreſſivement enchaînés les uns aux autres : 1°. le conſeil paroiſſial; 2°. le conſeil du canton; 3°. le conſeil provincial; 4°. enfin le ſuprême conſeil national.

C'eſt ſur cette diſpoſition de conſeils civi-ques que repoſera toute l'organiſation inté-rieure, dont les mouvemens ſpontanés ſe porteront, par leur propre direction, à la conſervation & au bien-être du tout. On doit preſſentir déjà ce que cette diſpoſition offre d'heureux. Mais ne nous laiſſons pas devancer par notre imagination, & ne nous éprenons du bien qu'à meſure que nous le verrons éclore.

Obſervations communes pour tous les conſeils.

AVANT d'entrer dans la formation parti-culiere des conſeils, j'obſerve, 1°. qu'il devra y avoir, pour la tenue de chacun de ces conſeils, un édifice qui lui ſoit proportionné; dans les paroiſſes il ſuffira d'une ſalle aſſez ſpacieuſe pour contenir facilement tous les ci-toyens votans; mais dans les autres conſeils, il ſera de plus néceſſaire que tous les membres puiſſent y être logés. Ces édifices, qui ſeront comme autant de temples dédiés à la patrie, devront auſſi offrir quelques autres facilités, qu'il ſera aiſé de s'y ménager, pour différens uſages de bien public, auxquels nous aurons lieu de les deſtiner. Cela n'engagera pas la nation dans des frais énormes & au deſſus de ſes forces; ils ſont plus d'à moitié faits: dans preſque tous les principaux endroits il ſe trouve des hôtels-de-ville ou des maiſons religieuſes;

il ne s'agira que de les convertir en temples patriotiques.

J'obferve, 2°. que la fonction de confeiller ou de juge civique devra être conftamment biennale, de telle maniere que la moitié du confeil devra être renouvelée tous les ans. Par cette difpofition, l'ariftocratique amour-propre ne fauroit prendre racine, & cependant il s'établit un certain efprit de régularité, un certain ordre de juftice qui fe tranfmet. Le feul confeil national devra être renouvelé en entier à chaque feffion; & cela, d'abord parce qu'il ne doit s'y établir, s'y tranfmettre aucun efprit particulier; il eft le réfultat, en derniere analyfe, de l'efprit national. Et en fecond lieu, parce que le citoyen, parvenu à ce terme de l'honneur civique, doit fe contenter d'y mériter une couronne; à moins qu'après un affez long intervalle de temps, fes rares mérites & le befoin de la patrie ne l'y rappelent.

Venons-en maintenant à la compofition, & à la forme de juridiction de chaque confeil.

Confeil paroiffial.

CE confeil fera compofé d'un nombre de

membres relatifs à la paroiſſe; dans les villages, il le ſera de quatre; dans les bourgs,
de ſix ; dans les villes du ſecond ordre, de
huit; & dans les villes du premier ordre,
de dix.

Tous les dimanches il y aura conſeil à l'iſſue de la meſſe paroiſſiale, qui, pour cet effet,
devra être terminée, au plus tard, à dix heures
& demie dans les longs jours; & à onze heures
& demi dans les jours courts; la ſéance tien-
dra depuis ce temps-là juſqu'environ à une
heure après midi. Il eſt à croire, que, dans
les campagnes, cette ſéance ſera ordinairement
ſuffiſante pour terminer les affaires qui s'y pré-
ſenteront ; dans le cas où elle ne ſuffira
pas, il ſera indiqué un jour de la ſemaine
pour y ſuppléer. Quant aux villes où la ſura-
bondance d'affaires aura toujours lieu, il y
aura auſſi toujours une ſéance dans la ſemaine, fixée à un certain jour, le mercredi, par
exemple.

Pour que tout ſe paſſe dans le conſeil avec
dignité, & pour que les affaires ne ſe perdent
point en délibérations vagues ou entremélées,
il ſera néceſſaire d'établir un réglement de po-
lice & un ordre de matieres que le préſident

fera chargé de faire obferver dans la plus févere exactitude.

On commencera par traiter les objets qui
émaneront de la volonté générale ; on les dif-
cutera jufqu'à ce qu'ils puiffent être faifis de
tout le monde ; on en fera l'application particuliere, & on s'affurera des moyens propres
pour qu'ils foient pleinement exécutés ; après
quoi on en viendra aux affaires particulieres.

S'il eft arrivé quelque malheur dans la paroiffe ; s'il s'y eft commis quelque crime ou
fait quelque défordre, on avifera à tous les
moyens de furveillance ou d'informations qui
feront jugés convenables.

Toutes difficultés entre citoyens, toute matiere à procès fera difcutée & jugée en premiere inftance dans ce tribunal ; & pour cou-
per racine à toute chicane, pour rendre vaines
les rufes de la mauvaife foi, les manœuvres
fecretes de la cupidité ; il ne fe paffera aucune
convention, aucun acte entre les citoyens,
qu'ils ne foient lus publiquement, & enfuite
inférés dans le regiftre paroiffial ; bien entendu
qu'on n'en admettra jamais que de conformes
aux lois qui feront promulguées, & qui diri-
geront uniformément toute la France. Par-là
on fera fûr des difpofitions des contractans ;

on n'aura pas à craindre l'improbité ou l'igno°
rance des gens de juſtice, & on n'aura plus
beſoin du contrôle.

Mais il y a des conventions, des aĉtes qui
demandent le ſecret. — Oui, quand l'intrigue
regne, quand l'opinion eſt cruelle, quand les
lois ſont injuſtes, quand le vice heureux ſe
rit de la probité & de l'honneur; mais lorſque
cette probité, cet honneur peuvent ſe mon-
trer avec avantage, lorſque ſeu's ils obtiennent
l'eſtime publique; c'eſt au crime & à l'infamie
qu'il appartient de s'envelopper des ombres
du myſtere; le ſecret ſeul devient alors ſuſpeĉt,
parce que nul motif ne le juſtifie. Ainſi, la
loi ne reconnoîtra de valide que ce qu'elle aura
notoirement & publiquement revêtu de ſa
ſanĉtion.

Pour faciliter cette opération, qui, ſans
cela, ne manqueroit pas de jeter beaucoup
d'embarras, de confuſion dans le conſeil, &
d'y occaſionner beaucoup de perte de temps;
il devra y avoir, dans chaque paroiſſe, un
greffier ou notaire qui ſera élu par l'aſſemblée,
& qui ſera à vie, à moins d'inconduite ou
d'impoſſibilité d'exercer; il lui ſera aſſigné
200 liv. de revenu dans les moindres paroiſſes,
& juſqu'à 500 liv. dans les plus grandes; cet

émolument ne fera que pour le dédommager de fon affiduité à la chofe publique. Du refte, pour tous les actes particuliers, il lui fera octroyé une rétribution convenable. Tous ceux qui auront befoin de fon miniftere iront le trouver dans le courant de la femaine, & lui détailleront leurs difpofitions qu'il recevra avec ordre, & qu'il rédigera le plus clairement poffible. Jufques-là cet acte reftera fans aucune validité légale ; il ne recevra fa fanction que lorfqu'il aura été lu au confeil, & en préfence des contractans, qui feront tenus de manifefter publiquement leur confentement ; après quoi le fecrétaire de l'Affemblée, qui pourra être le greffier lui-même, en tranfcrira les difpofitions fommaires fur le regiftre paroiffial, & le préfident fignera. Le même greffier recevra auffi toutes les conteftations & les plaintes qui s'éleveront entre citoyens, & les portera au jugement du confeil.

Tout jugement devra être inftruit publiquement ; & , lors de la difcuffion, tout citoyen qui n'aura point été infamé, aura droit de faire part de fes réflexions, & des connoiffances particulieres qu'il peut avoir, relativement à l'affaire en queftion, avec l'obligation néanmoins de donner des preuves de fes affer-

tions, ou de ne les appuyer que fur des motifs qui les juftifient. Durant ces débats, le
greffier aura foin de prendre note de tout ce
qui paroîtra mériter attention. Lorfque la matiere aura été pleinement éclaircie, & que le
greffier aura rappelé les dires remarquables de
chacun, le préfident fe levera, & dira hautement
fon avis; les autres juges en feront autant, en
fuivant le rang de l'ancienneté, & l'affaire fera
terminée à la fimple pluralité des voix; fi les
avis fe trouvent partagés, la décifion fera
renvoyée au tribunal fupérieur. Dans tous les
cas où il s'agira d'affaires contentieufes, il fera
libre d'appeler du confeil paroiffial à celui du
canton, fauf à faire encourir à la partie qui
fera preuve d'une obftination blâmable, une
peine proportionnée à fa récalcitration aux lois
& à la droiture.

Qu'on fe figure tout ce qu'on aura droit
d'attendre d'un confeil ainfi rapproché des citoyens, & combien il pourra entrer dans d'u-
tiles détails; tantôt, par fa cenfure, il ira
jufques dans les familles atteindre ces petits
tyrans domeftiques qui fe plaifent à faire le
malheur de ceux qui les entourent; tantôt il
découvrira de belles actions cachées, & en
leur décernant le tribut d'honneur qu'elles
méritent,

méritent, il inspirera le désir d'en faire. S'agira-
t-il d'exciter un genre de commerce, de tirer
un meilleur parti de certaines terres pour l'agri-
culture, de pourvoir à certains besoins publics, &c.? Le conseil avisera à tout. C'en est
assez pour esquisser l'idée que j'aime à m'en
former.

Conseil du canton.

TOUTES les ving-cinq paroisses, avons-nous
dit, constitueront un canton; chacune de ces paroisses devra concourir également à la formation
du conseil. Je n'observe plus ici la proportion
de la population, parce qu'elle nous engage-
roit dans une complication qui ne seroit pas
seulement sujette à de grands inconvéniens,
mais qui donneroit encore naissance à différens vices de constitution; de là il arriveroit
que les cantons n'auroient plus une marche
uniforme & correspondante; que les conseils
provinciaux se trouveroient composés d'une
maniere disparate; que le conseil national, résultat de toutes ces inégalités, ne porteroit
plus également sur toutes les provinces, &
conséquemment qu'il faudroit renoncer au
point essentiel, à la précision de l'esprit public.

Ainſi, pour établir une proportion partielle, nous perdrions la proportion du tout ; que faut-il de plus pour nous faire ſentir toutes les ſuites de ce premier faux pas, & pour nous en détourner ?

Je détermine donc que le conſeil du can‑ton ſera rigoureuſement compoſé de deux membres par paroiſſe (1).

Ce conſeil devra s'aſſembler quatre fois par an ; ſavoir, au premier de mai, au premier d'août, au premier de novembre, & au pre‑mier de février ; & chaque fois la ſeſſion du‑rera quinze jours, & jamais au delà, excepté au mois de mai, à cauſe de la tenue du conſeil national, qui devra avoir lieu dans ce temps-

_____

(1) Pour ſaiſir le véritable point de vue de cette diſpoſition, il faut obſerver que les paroiſſes ne doi‑vent être conſidérées que comme autant d'unités indi‑viduelles relativement aux cantons, comme les cantons relativement aux provinces , & progreſſivement celles‑ci relativement au conſeil national. Or un individu, quel qu'il ſoit, ne doit avoir d'influence que pour un. Je me repréſente des chefs de famille dont les droits ſont égaux, quoique leurs familles ſoient plus ou moins nombreuſes.

là ; on fentira, dans la fuite, les motifs de cette prorogation.

A chaque feffion il fera élu un préfident & deux fecrétaires ; cette élection fera la conclufion de chaque préfidence, afin de pourvoir à la préfidence prochaine, en obfervant que, dans la tenue du mois de mai, la préfidence n'excédera jamais le terme de quinze jours. Si dans l'intervalle de temps il furvenoit au préfident é u quelque accident qui l'empêchât de fe rendre à l'Affemblée, alors l'ex-préfident reprendroit le fiége jufqu'à ce qu'on eût pourvu à une nouvelle élection.

Ce confeil, ainfi difpofé, ne manquera pas de renfermer de grands & fûrs moyens pour mettre en activité tout ce qui peut procurer le bonheur du canton, pour y infpirer le puiffant amour des lois & de la patrie, y exciter les généreux fentimens, & pour y faire régner une impartiale juftice.

Tous les procès des paroiffes, dont il y aura eu appel, y feront jugés en dernier reffort, à moins que l'affaire ne foit d'une trop grave importance, ou qu'il ne s'agiffe d'une condamnation à mort ; dans ces deux cas le jugement en dernier reffort appartiendra au confeil provincial.

Les affaires, déjà inftruites dans le confeil paroiff'al, & revêtues de tout ce qui doit les motiver, n'auront befoin que d'être fimplement expofées, pour qu'on puiffe juger, au premier coup-d'œil, fi le jugement qui en a été porté mérite confirmation, ou non. Voici comment je penfe que pourra fe faire ce fecond jugement : le préfident aura la lifte de toutes les paroiffes, & en fera fucceffivement l'appel dans l'ordre qui aura été établi; à mefure qu'une paroiffe fera appelée, le confeiller cantonnier & biennal de cette paroiffe fe levera & fera le rapport des affaires dont il aura été chargé, obfervant de s'arrêter à chacune, & d'en attendre la décifion. Si le fujet ne donne point matiere à aucune réflexion, la queftion pourra être décidée par affife & levée; mais fi le fujet donne lieu à différentes obfervations, alors chaque confeiller fera tenu de donner hautement fon avis; & s'il fe trouve plus d'un tiers de voix d'un fentiment oppofé, le jugement ne fera pas fenfé définitif; il pourra y avoit appel au confeil provincial, qui terminera toutes les affaires à la fimple pluralité des voix.

Pendant chaque préfidence il y aura féance tous les matins pour les matieres de difcuffions;

& trois fois par femaine féance le foir pour tous les autres objets. Les jours où il n'y aura pas cette féance du foir, l'affemblée fera divifée en comités dont chacun aura fon travail à part : l'un rédigera les obfervations, les demandes, les plaintes de chaque paroiffe; l'autre recueillera les faits recommandables, les actions dignes d'éloge, &c. &c. J'ai lieu de croire que le temps dans lequel je circonfcris chaque feffion, fera d'autant plus fuffifant pour remplir ces différens objets, que les lois étant beaucoup fimplifiées, les conteftations entre citoyens le feront auffi beaucoup, & deviendront infiniment plus rares, en même temps que le jugement en fera plus facile. Je préfume même qu'il y aura très-peu d'appels du jugement paroiffial. Lorfque les affaires feront graves, ou que les parties y mettront de l'importance, il en fera imprimé, en commun, un procès verbal qui contiendra exactement tous ies dires réciproques, & qui fera diftribué à chaque confeiller, afin qu'il en puiffe méditer tout l'enfemble, & en porter un jugement longtemps réfléchi ; mais jamais de mémoires à part, reffource de la fubtilité.

Conseil provincial.

POUR former le conseil provincial, il sera élu deux membres par canton, qui se réuniront deux fois par an : l'une au mois de mai, pendant tout le temps que durera la session du conseil national ; & l'autre pendant tout le mois de novembre ; du reste, il y sera observé le même ordre, la même marche que dans le conseil cantonnier.

Ce conseil, qui sera le point d'union & en même temps le surveillant des cantons qui lui seront affectés, aura l'œil sans cesse ouvert sur eux, & leur transmettra à tous le même esprit, les mêmes sentimens patriotiques. Toutes les affaires graves, ou qui intéressent seulement la province, y seront décidées ; celles que l'on peut appeler nationales y seront discutées, mais le jugement réservé au suprême conseil de la nation.

Chaque canton y portera ses observations, ses vues exactement rédigées, avec l'historique de ce qui se sera passé d'intéressant ; & pour que les provinces puissent se pénétrer mutuellement, & s'exciter au même vœu de bien public, il en sera fait un précis qui sera envoyé au conseil national, afin d'en former un recueil général que j'intitulerai : *Annales civiques depuis la reconnoissance des droits de l'homme*. Ce recueil précieux n'excitera pas seulement la curiosité, il deviendra l'école de tous les citoyens, & la source la plus pure pour alimenter l'esprit public. Nous aurons occasion dans la suite d'en développer les avantages.

Conseil national.

Nous voici arrivés au dernier ressort, au ressort qui enchaîne tous les autres & qui les fortifie de toutes leurs forces communes. C'est à l'aide de ce conseil que, par une action & réaction constantes, doit s'établir un jeu qui transmette l'esprit national aux provinces, de là aux cantons, pour se ramifier ensuite sur tous les citoyens ; & qui repompe l'esprit de chaque citoyen, en le faisant passer, en quelque sorte, à la filiere des cantons & des conseils provinciaux, pour le verser ensuite dans le réservoir commun.

L'ouverture de ce conseil se fera rigoureusement tous les ans le premier mai, & la clôture au plus tard le 30 juin. Ce temps sera suffisant pour aviser aux moyens généraux de

contenir, dans une parfaite union, les parties
de l'empire, & pour pourvoir à la furveillance
néceffaire au bonheur de l'affociation. Au furplus, je préfererois que quelques opérations
reftaffent imparfaites, plutôt que de laiffer
incertaines les limites de chaque feffion.

Il ne faut pas juger de ce que fera ce confeil, par les mouvemens irréguliers & convul-
fifs qui agitent aujourd'hui l'Affemblée nationale. Compofée de forces diverfes, dirigées
vers des buts oppofés, il n'eft pas étonnant
qu'elle foit dans un état de guerre inteftine,
qui ne finira qu'avec elle ; mais lorfqu'il n'y
aura plus qu'une tendance commune, lorfqu'on
aura donné le mouvement à un nouvel ordre
de chofes, alors on verra tout confpirer à la
même fin.

En ménageant la tenue des autres confeils
en même temps que de celui-ci, j'ai voulu
que la nation entiere fe trouvât dans un état
de fenfibilité générale, afin que la même fenfation, le même mouvement fe tranfmît par-tout
également, & que le corps entier pût juger fi
la fenfation lui eft bonne ou nuifible.

Pour former le confeil national, il fera élu
vingt membres par province ; ce qui com-
plétera le nombre de fix cents. Leur élection

devra fe faire par diocefe. Les confeillers des
huit cantons qui compofent l'évêché , avec
leurs feize confeillers provinciaux , s'affemble-
ront à la ville épifcopale , & nommeront
quatre confeillers nationaux.

Pour rendre ce choix plus défintéreffé, &
pour amortir la dangereufe activité de l'amour-
propre, dans toute élection, hormis dans celle
des paroiffes, on ne prendra que des confeillers
hors de charge. Le même citoyen ne pourra
être réélu pour le confeil paroiffial, qu'après
fix ans ; pour celui du canton, qu'après neuf ;
pour le confeil provincial, qu'après douze ; &
enfin pour le confeil national, qu'après quinze.
Cette regle renferme d'excellentes difpofitions ;
elle laiffe à chaque citoyen l'aiguillon de
l'efpoir de parvenir à l'honneur civique, &
lui infpire le zele de s'en rendre digne,
tandis que, d'un autre côté, elle détruit toutes
les prétentions de la domination, & empêche
l'autorité de fe concentrer dans une claffe de
citoyens, en forçant de recourir fans ceffe à
la maffe commune.

A r t. I I I.

Des électeurs & des éligibles.

Nous avons difposé le mécanifme des confeils ; il s'agit maintenant de ftatuer fur le droit de concourir à leur formation.

C'eft un principe fondamental, & qui cependant ne paroît pas avoir été affez fenti, que tout citoyen qui vit fous les aufpices de la patrie, & qui la fert utilement, n'importe comment, a droit de s'intéreffer à elle. Le priver de fon vote, c'eft donc attenter à fa propriété la plus chere ; c'eft, en quelque forte, diffoudre envers lui le pacte focial. Une pareille privation doit être la peine d'un délit, & non la punition de l'infortune. J'avoue que l'on a beaucoup à fe méfier de cette claffe d'hommes qui ne tiennent à rien, & qui font toujours prêts à vendre leurs fuffrages ; mais pour éviter un inconvénient, qui, même dans mon plan, ne fauroit avoir de fuites dangereufes, il ne faut pas être injufte ; d'ailleurs, ce feroit un grand vice de conftitution, que celui qui tendroit à refferrer la qualité de citoyen, au lieu de l'étendre avec impartialité. La patrie auroit des préférences ! elle repousseroit de fon fein quelques-uns de fes enfans qui n'au-

{oient d'autre crime que celui d'être privés
de ſes faveurs ! Ah ! qu'elle ſoit chere à tous;
que lors même que l'on perdra ſa tendreſſe,
on en emporte le ſentiment dans ſon cœur,
& que l'on ne perde jamais l'eſpoir de la re-
couvrer !

Voici ce que les citoyens , que leur pauvreté excluroit du droit de voter, pourroient
dire à ceux qui l'exerceroient : « Vous vous
» arrogez , par le ſeul droit de la fortune, le
» pouvoir de régler la deſtinée du pauvre;
» vous le ſoumettez à vos déciſions ſans dai-
» gner le conſulter en rien ; n'a-t-il pas des
» droits de nature égaux aux vôtres à dé-
» fendre ? Vous les annullez donc ces
» droits de nature, pour n'avoir d'égard qu'à
» ceux de la fortune? Mais alors qu'eſt ce que
» votre déclaration des droits de l'homme,
» ſinon une dériſion inſultante »?

Je ſais que, pour reſtreindre le droit de
voter, on a cité l'exemple des peuples chez
qui l'exercice illimité de ce droit a été fu-
neſte; mais on s'eſt bien gardé d'obſerver que
le malheur de ces peuples ne venoit que de
ce qu'ils avoient une liberté mal organiſée.
A Athenes, ainſi que dans beaucoup d'autres
républiques, le peuple, aſſemblé tumultueu-

fement dans la place publique, y rendoit fes
arrêts, & y faifoit fes lois, fuivant fon ca-
price, fes paffions, fes mouvemens momen-
tanés : eft-il étonnant que cette liberté, qui
abandonnoit le peuple à toute fa fougue, à
toutes fes erreurs, l'ait mal guidé? C'eft comme
fi on nous citoit les fcenes de la place de
greve. Ce n'eft pas là la liberté; c'eft le conflit
des paffions. La liberté fociale n'eft autre chofe
que la raifon publique, réfultat combiné
de toutes les raifons particulieres; & lorfqu'on
en a faifi le véritable point, cette raifon publique tenant à ce que chacun a de fentiment
de droiture & de juftice, difpofe, en quelque
forte, de tous les citoyens, & les dirige dans
une heureufe harmonie. Or eft-il bon d'éloigner quelqu'un de la participation à cette raifon publique? Ne feroit-ce pas rompre toutes
les fibres qui doivent l'y attacher? ne feroit-ce
pas fermer fon cœur à tout fentiment pour la
juftice commune?

Il eft donc évidemment démontré que les
conditions phyfiques pour être citoyen votant,
doivent-être telles qu'il ne dépende que de
tout homme, qui veut être patriote, de les
avoir ou de fe mettre en état de les acqué-
rir ; en forte que, s'il eft exclus de l'honneur

de voter, ce ne foit point la faute de la loi, mais la fienne propre. Ainfi, tout citoyen qui d'ailleurs en remplit les obligations, qui eft domicilié, qui exerce un état utile, ce qui doit équivaloir à une propriété fonciere, & qui paye un impôt direct quelconque dans le lieu de fon domicile, doit être & électeur & éligible. C'en eft affez pour éloigner les hommes fufpects, les vagabonds, ou plutôt pour en arrêter la profeffion ; & cependant tous les droits font confervés, & la patrie étend fon empire dans tous les cœurs, & le zele de la fervir ne trouve plus d'obftacles qui l'arrêtent. C'eft ainfi que le vrai, le jufte font toujours ce qui eft le plus avantageux à la chofe publique.

D'après cet aperçu, on doit fentir que l'arrêté de l'affemblée nationale, fur cet article, renferme une difpofition très-vicieufe en ce qu'il donne une exclufion imméritée & injufte à beaucoup de citoyens, parmi lefquels il peut s'en trouver dont les talens, les vertus, les lumieres feroient infiniment utiles. C'eft une erreur qui s'eft gliffée contre l'intention de cette fage Affemblée : invitons - la, au nom de la patrie à laquelle elle fe dévoue, de ne pas laiffer fubsister une disposition qui n'est propre qu'à la contrister & à lui nuire.

Mais pour être habile à voter, il est des conditions morales qui doivent être requises, & c'est ici que la rigueur est une justice. Ainsi, tout citoyen noté d'infamie, ou même contre lequel la censure publique aura prononcé une improbation, un blâme momentané : tant qu'il sera sous l'improbation de la loi, il ne jouira point de son droit de vote ; j'en dis autant de tout célibataire habile au mariage. Gens à bonnes mœurs, vous approuverez cet article-là.

Pour que tout soit exécuté avec précision & avec ordre, on sent qu'il devra y avoir un tableau dans chaque paroisse, où tout citoyen devra être inscrit à une certaine époque que je désignerai lorsqu'il sera question de l'éducation. Du reste, nulle différence entre citoyen votant & citoyen éligible, parce que je n'exclus du vote que celui qui, à plus forte raison, doit être exclus de l'éligibilité.

ART. IV.

De l'élection.

RIEN de ce qui doit entrer dans les élémens de la félicité publique, rien sur-tout de ce qui concerne l'élection des conseillers par

triotes ne doit être négligé ou abandonné au
hafard.

Nous avons déterminé plus haut, que la
charge de conſeiller ou de juge civique devra
être biennale, & que tous les ans le conſeil
devra être renouvelé par moitié ; nous avons
maintenant à déterminer le jour & la forme
de cette élection. Cette déterminacion, qui
ſera uniforme pour toute la nation, eſt d'autant plus eſſentielle, u'elle ſera comme le mouvement donné & imperturbable, qui mettra en
activité tous les reſſorts de la machine.

D'abord je voudrois que ce jour-là fût fêté
ſolennellement, non pas en alongeant lugu-
brement l'office religieux, mais en faiſant
reſſortir à propos ce que la religion & la
patrie ont de plus ſaint, de plus touchant,
de plus propre à pénétrer l'ame & à lui infpirer de généreux ſentimens. Je voudrois que
l'orateur ſacerdotal fît, ſur-tout dans cette circonſtance, une exhortation au peuple *religio-
patriotique ;* qu'il lui fît ſentir l'importance de
l'élection qu'il va faire, combien elle intéreſſe
& l'honneur & le bonheur de la communauté,
& combien la religion même a droit d'y prendre part ; je voudrois qu'il détaillât, & le devoir des électeurs & les obligations que ſon-

tracteront les élus; qu'il dévouât à la haîne
& au mépris toute efpece d'intrigue; je voudrois qu'il, s'appliquât à diffiper le nuage
brillant & féducteur que forment autóur de
foi les avantages de la richeffe & de l'efprit;
car j'efpere bien que déformais l'impertinent
& impolitique préjugé de la naiffance fera nul.
Que ces avantages, pourroit-il dire, foient
des jouiffances pour ceux qui les poffedent,
à la bonne heure; mais pour mériter d'être
citoyens d'élite, il nous faut des hommes fu-
périeurs à l'efprit & aux richeffes; il nous faut
des hommes dont nous n'ayons point à craindre l'envie de dominer, & qui n'ont befoin
que d'être eux-mêmes pour mériter notre
choix.

Que ce fujet offriroit une précieufe matiere
à traiter! Et pour qu'elle le fût toujours d'une
maniere intéreffante, je voudrois que chaque
orateur fût tenu d'envoyer fon difcours au
confeil du canton, où il feroit fait choix de
celui qui auroit le mieux rempli fon objet,
pour être enfuite envoyé à l'imprimerie pro-
vinciale, qui formeroit un recueil de tous les
difcours d'élite : j'aime à croire que ce recueil offriroit un genre de lecture qui auroit
de quoi intéreffer quiconque aimeroit à fe
nourric

nourrir de fentimens citoyens. Je ferois même
d'avis que chaque province diftinguât celui
de ces difcours qui l'emporteroit fur les autres,
non par le mérite éphémere que donne l'efprit
ou les graces du ftyle ; mais par ce mérite réel
qui parle au cœur, & que de tous ces difcours
il en fût fait un fecond recueil qui offriroit le
tableau général des fentimens patriotiques.
Peut - être dédaignera cette idée par je ne fais
quelle prévention ; mais fi on l'examine de
près, j'ofe croire qu'elle ne paroîtra pas indigne
d'être accueillie. Elle renferme un des plus puif-
fans moyens pour former & nourrir l'efprit
public, pour exciter la véritable éloquence,
celle qui naît d'un fentiment bon & vrai, &
pour donner à la religion ce caractere national,
cet efprit citoyen auxquels on l'a toujours
rendue fi étrangere.

Venons maintenant à la fixation des jours
pour les différentes élections. Il eft important
de faire tout concourir pour les rendre inté-
reffantes. C'eft pourquoi je ne les placerai point
dans la faifon de l'hiver , 1°. parce que les
jours font alors trop courts; 2°. parce que le
mauvais temps pourroit empêcher beaucoup de
citoyens d'y participer; 3°. enfin parce que
le froid concentre trop les fentimens, & par

E

conféquent eft trop peu propre à exciter les bons mouvemens patriotiques. Tout bien confidéré, je détermine au premier avril l'élection des confeillers nationaux; au 15 celle du confeiller provincial dans chaque canton, & au 25 du même mois, l'élection du confeiller cantonnier dans chaque paroiffe, ainfi que celle des confeillers paroiffiaux.

Quant à l'ordre dans lequel il devra être procédé à l'élection, voici celui que j'établis; au fortir de l'Affemblée religieufe, tous les électeurs fe rendront dans la falle du confeil, où il en fera fait, par le confeiller préfident, un appel nominal; & ceux qui fe trouveront être abfens, fans motifs néceffitans de leur abfence, feront notés comme citoyens peu zélés pour la république (1) ; après cela il s'agira de s'occuper du choix des membres qui devront remplir le confeil.

Pour parvenir à ce choix, il eft important d'établir une forme d'élection propre à faire

_____

(1) Cette remarque n'eft faite que pour les électeurs paroiffiaux; parce que les membres des autres confeils feront tenus de s'y rendre, à moins le cas de l'impoffibilité, & alors il y fera pourvu par un fuppléant.

difcerner le vrai mérite, & à lui concilier les ſuffrages. Celle du ſcrutin, que l'on a adoptée, ne me paroît pas ſeulement vicieuſe en elle-même, elle porte encore un caractere de lâcheté peu digne d'hommes libres. Peut-être a-t-elle été néceſſaire juſqu'ici ; mais ce qui a ſervi d'inſtrument à un peuple avili, tyrannifé, pour ſe ſouſtraire à l'oppreſſion, ne convient plus à un peuple libre, qui a recouvré ſes droits, & qui veut veiller lui-même à leur conſervation. Le ſcrutin n'eſt bon que pour favoriſer la timidité ou la crainte, & cela même eſt un mal : tout citoyen doit pouvoir dire hautement & librement ſon avis, en ſe renfermant dans de juſtes bornes. Du reſte, loin d'écarter les prétentions de l'orgueil & de l'ambition, il ne fait qu'en faciliter les ſourdes intrigues, en les couvrant d'un voile ténébreux. Le ſecret eſt l'élément de la honte, comme la publicité eſt celui de l'honneur ; mais quand même il n'y auroit point de corruption ſecrete à craindre, la formule du ſcrutin ſeroit toujours mauvaiſe, en ce qu'il ſe cache dans l'ombre du myſtere, & laiſſe, à une influence vague, le ſoin de décider un choix qui ne devroit être que le fruit d'une ſage délibération.

Ainſi, point de ſcrutin dans nos élections;

chaque électeur aura le droit de propofer celui qu'il croit le mieux mériter fon fuffrage, & en donnera fuccinctement les motifs. L'attention générale ne manquera pas de fe porter fur les fujets propofés ; il en réfultera des difcuffions qui ferviront à balancer les divers motifs, & qui rendront le choix de chacun plus éclairé, pl attentif ; après quoi on ira aux voix par appel nominal. A mefure que chaque électeur fera appelé, il s'avancera vers le bureau où feront les confeillers qui préfideront l'affemblée, & là il déclarera, de maniere à être entendu , le nom de celui qu'il nomme. Le fecrétaire infcrira le fuffrage à la vue de celui qui le donne, & fous l'infpection des confeillers ; & lorfque toutes les voix auront été données, le préfident en déclarera le réfultat. Si dans ce premier appel la pluralité abfolue des voix ne s'eft décidée en faveur de perfonne, on procédera à un fecond appel, dans lequel les fuffrages ne pourront fe partager qu'en faveur des deux membres qui en auront réuni précédemment le plus grand nombre; & s'il fe trouvoit égalité entre eux, alors le plus ancien d'âge l'emporteroit. Il en fera ainfi ufé jufqu'à ce que le nombre des places foit rem-

pli. Cette forme d'élection a cela de propre,
qu'elle peut faire découvrir l'homme de mérite que fa modeftie tient caché ; il ne faut
pour cela qu'une voix qui s'éleve & qui faffe
penfer à lui.

Mais cette même forme d'élection ne laiffe-
t-elle pas fubfifter l'inconvénient des prépon-
dérances ? — Infiniment moins que le fcrutin ;
au moins elle met tout à découvert, & il
faut toujours un certain mérite pour pouvoir
fupporter un examen public. Au furplus, il eft
un moyen puiffant, que je ne manquerai pas
d'employer, pour détruire, jufques dans fes
racines, l'ariftocratique amour-propre (1), le
moyen eft de mettre l'élu dans la néceffité ou
de mériter l'eftime, prix de la vertu, en jufti-
fiant le choix que l'on a fait de lui, ou de
n'en recueillir que des mépris & de la confu-
fion. — Au moins eft-il à craindre que ces
fortes d'élections n'occafionnent bien des riva-
lités & des haînes. — Non ; car les citoyens
apprendront à favoir parler & à favoir entendre

_____

(1) J'appelle *amour-propre ariftocratique*, celui
qui prétend à la confidération, comme fi elle lui étoit
due perfonnellement, fans avoir befoin de faire aucun
frais pour la mériter.

E 3

le langage de la liberté & des lois ; jamais celui de l'infulte ou de la malignité. En tout accoutumons les hommes à penfer & à agir ouvertement & avec franchife.

De ce qui doit fuivre l'élection.

DANS les paroiffes, lorfque l'élection fera faite, les ex-confeillers, qui ne le deviendront que dans ce moment, recevront les fermens des nouveaux, & les inftalleront ; après quoi y fuccédera un repas patriotique, auquel affifteront tous les citoyens qui auront atteint l'âge de quarante ans, moyennant une modique fomme qui fera fixée pour fubvenir aux frais de la dépenfe. Ceux des citoyens qui ne pourront pas fournir cette fomme, y feront admis gratuitement, & n'en feront pas plus humiliés, fi leur pauvreté n'a rien d'humiliant pour l'honnête homme. Du refte, nulle diftinction entre les convives, fi ce n'eft en faveur de la vieilleffe, pour laquelle on réfervera tous les égards. Tel eft l'ordre que j'établis pour fixer l'opinion des rangs : le confeil occupera les premieres places, enfuite viendront les miniftres de la religion, puis les vieillards, qui ne feront reconnus tels qu'après foixante-cinq ans ; & enfin tous les citoyens indiftinctement. Je n'entrerai point dans le détail de ce repas : il devra être simple par les mets, mais exquis par le sentiment de fraternité & de concorde qui gagnera nécessairement tous les cœurs, & par les bons épanchemens auxquels il donnera lieu. Un nombre suffisant de jeunes gens, désignés par l'instituteur public, glorieux de cette fonction, serviront gaîment les convives.

Ce ne sera pas seulement dans cette occasion que le repas patriotique aura lieu, il sera d'usage dans toutes les fêtes citoyennes ; les jours même de simple conseil il aura lieu pour tous les membres qui le composent (1). O

_____

(1) Les membres du conseil seront exempts de payer : ce sera le seul gain qu'ils retireront de leur charge ; leur dépense, ainsi que celle des citoyens pauvres, sera prise sur les revenus publics ; je réglerois cette dépense à peu près de 15 à 20 sous par tête dans les campagnes ; & de 25 à 30 sous dans les villes.

On pourroit peut-être craindre que ces repas ne dégénérassent en abus ou en orgies scandaleuses ; mais ce seroit s'en faire une bien fausse idée ; d'abord, rien de semblable ne sauroit arriver dans les repas de simple conseil ; & dans les festins publics, le conseil y surveillera tous les citoyens, & réprimera sévèrement le premier qui oseroit se permettre un écart condamnable.

E 4

Sparte ! ne nous vante plus tes feſtins; ils ne reſpiroient qu'une liberté guerriere; c'étoient des Ilotes qui les préparoient; c'étoient des Ilotes qui les ſervoient. Que les nôtres nous offrent un genre de delices bien plus pures ! Au ſentiment d'une liberté vraiment digne de l'homme, ils joignent les charmes d'une joie commune, & nous ſont préſentés par des mains qui ne nous attriſtent pas par l'idée de l'eſclavage.

Je laiſſe à preſſentir ce qui doit remplir le reſte de la journée; on juge bien qu'elle devra être marquée par la réjouiſſance publique, dont la jeuneſſe fera ſur - tout les frais, & y mettra cet enjouement qui n'appartient qu'à elle.

Obſervation relative aux miniſtres de la religion.

LES miniſtres de la religion devront, ſans doute, pouvoir être élus comme les autres citoyens; mais il ſera bon qu'ils ne puiſſent pas l'être pluſieurs à la fois dans la même paroiſſe. Le curé, & en ſon abſence le vicaire,

----

Loin donc d'avoir rien à en craindre, on doit les enviſager comme une école où les citoyens apprendront les égards qu'ils ſe doivent mutuellement.

lorſqu'ils ne ſeront point en charge, devront avoir un droit ſpécial d'aſſiſter au conſeil, non pour y avoir voix délibérative, mais conſultative, & y exercer le miniſtere d'avocats généraux; cette fonction leur convient d'autant mieux, qu'elle leur fournira un moyen ſatisfaiſant de prendre en main la cauſe du foible & de l'ignorant, & de les faire participer à tous les avantages de la loi. Je ne parle ſi ſouvent des curés, que parce que je voudrois que l'on en tirât tout le bon parti auquel leur poſition les rend propres.

A R T. V.

Fêtes patriotiques.

Nous avons dit que le 25 avril, qui terminera toutes les élections, ſera jour de fête patriotique; le premier mai, où ſe fera l'ouverture de tous les conſeils, ſera auſſi célébré comme tel, mais avec encore plus de ſolennité. Ce jour-là, il ſera décerné dans chaque paroiſſe une marque d'honneur aux ex-conſeillers qui l'auront mérité. Cette marque d'honneur conſiſtera en une couronne civique, compoſée de laurier ou de feuillages de chêne entremêlés de quelques fleurs, que le miniſtre ſacerdotal

leur mettra fur la tête, au nom de la religion
& de la patrie, en leur adreffant un compli-
ment court & tout entier à la circonftance.

Cette cérémonie, qui fe fera dans le temple,
aura été auparavant prévenue par un jugement
du peuple, en forte que le prêtre ne foit que
l'organe de la voix publique. Ce jugement po-
pulaire devra être févere. Si un juge civique
a montré quelques foibleffes; fi, fans mériter
précifément le blâme de fes concitoyens, il
a manqué de zele pour la vertu publique, il
pourra bien être abfous ; mais non pas pour
cela être jugé digne de la couronne. Elle ne
devra être accordée qu'à ceux qui auront fait
preuve d'une ame vraiment citoyenne & géné-
reufe. L'ex-confeiller-cantonnier fera compris
dans ce jugement. On penfe bien qu'au fortir
de cette cérémonie, que l'on aura confacrée
dans le temple, & célébrée par des chants
auguftes, les honorables citoyens ne manque-
ront pas d'être accueillis par des démonftra-
tions de joie & par des acclamations répétées.
Auffi ce jour-là le repas patriotique fera plus
joyeux, & il régnera par-tout une gaîté plus
vive, plus piquante.

Quant aux autres confeillers, ce fera la
commune renommée qui leur décernera le

prix d'honneur ; & ce fera les cantons qui en décideront pour les confeillers provinciaux ; & ceux-ci avec les cantons pour les confeillers nationaux.

C'eft par de femblables moyens, qui ont d'autant plus de prix, qu'ils font plus fimples, que l'on excitera toutes les vertus, qu'on les embellira de leurs charmes, & qu'on infpirera à tous les cœurs un fentiment vif & pénétrant pour leur pays. C'eft par de femblables moyens que l'on fera naître le bonheur de toutes parts, & que l'on fera valoir aux hommes tout leur prix. Auffi aurons nous foin de les metttre fouvent en ufage.

Les couronnes affectées aux confeillers varieront fuivant le confeil ; mais elles feront toujours de matiere également fimple ; & jamais l'honneur civique ne fera avili par ce métal, objet de la cupidité. Malheur au temps où il faut faire briller l'or pour excirer les belles actions. Son éclat corrupteur en a bientôt vicié la fource. Auffi il ne fera pas même queftion d'aucune rétribution pécuniaire. Chaque confeil fera défrayé fur les revenus publics ; mais rien de plus. Ainfi la charge de confeiller fera le chemin de l'honneur ; mais non pas celui de la fortune. Ainfi nous aurons en même temps, non feulement la plus exacte juftice, mais encore la plus vigilante furveillance fur la conduite des citoyens; & tout cela gratuitement.

Outre ces deux fêtes patrioti ues, j'en établis deux autres. L'une pour la clôture du confeil national; & l'autre qui fera particuliaire à chaque paroiffe.

J'interromps ici le cours de mes idées, parce que le temps preffe. J'en donnerai la fuite, fi celles-ci font jugées dignes de leur objet. Ce qui me refte à dire n'eft pas le moins important.

Mais que puis-je prétendre maintenant avec mon vœu national? Le fort n'en eft-il pas jeté? Pas encore. — Les municipalités, il eft vrai, font déjà organifées, & les diftricts, les départemens vont l'être inceffamment. — Pas encore. Tant mieux; ce feront autant de pas de faits pour l'organifation que je propofe. Dirai-je ce que je penfe? Le plan qu'on a fuivi pêche abfolument par les proportions. D'un côté, l'on voit des municipalités immenfes; & de l'autre, des municipalités fi petites,

qu'à peine peuvent-elles fournir le nombre
de membres néceffaires. Par exemple, dans
ma paroiffe, qui eft compofée de trente-cinq
feux, prefque tous mes paroiffiens font offi-
ciers municipaux. Le moyen qu'ils infpirent
de la vénération ! Et à qui ? Comment trou-
vera-t-on à les remplacer, lorfqu'il s'agira
de faire un nouveau choix ? Où feront les
éligibles ? De plus, j'y trouve deux autres
grands défauts ; le premier, c'eft d'exclure les
citoyens des délibérations de l'Affemblée ; &
le fecond, c'eft d'atribuer au maire une fu-
périorité exclufive. Il n'y a qu'un inftant que
nous étions tous libres, tous égaux, & déjà
nous ne le fommes plus. Nous ne fommes
plus libres, puifque la municipalité prend fes
délibérations en fecret, & nous ne fommes
plus égaux, puifque le maire ne voit plus
après lui que des fubalternes. Il faut bien un
chef, dit-on ; & pourquoi en faut-il d'autre
ici que le confeil lui même ? En flattant
ainfi l'amour-propre d'un feul, vous humiliez
celui des autres, & vous fubftituez le conflit
des paffions à la noble émulation de faire le
bien. Ne nous alarmons cependant pas encore ; tous ces réglemens ne fauroient être

que provisoires. Nos représentans , quelque
idée qu'ils se soient faite de leur pouvoir, ne
peuvent que disposer la nation à manifester son
véritable vœu ; là , leur mission est finie, &
ils auront fait beaucoup.

www.ingramcontent.com/pod-product-compliance
Lightning Source LLC
Chambersburg PA
CBHW070913280326
41934CB00008B/1706